DE LA NÉCESSITÉ

DE

FORMER DES CLUBS

Par T. Dinocourt.

Auteur du Serf du XV⁰ siècle

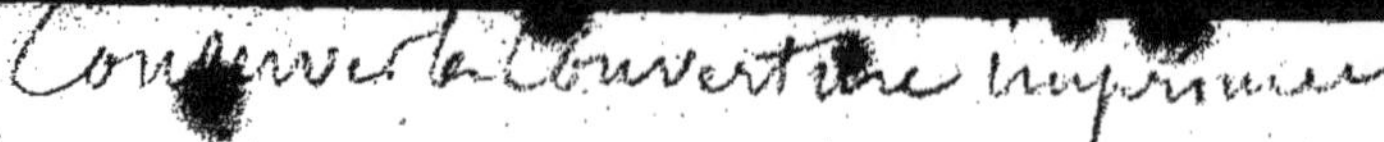

La France est un immense jury, appelé par
ses droits à juger les actes du pouvoir.

Cette brochure a valu à son auteur en 1830 un procès en Cour
d'Assises et 18 ans de persécution.

Prix : 60 centimes.

PARIS

SIMON, LIBRAIRE, PASSAGE JOUFFROY, 52;
Et chez tous les Libraires.

1848

DE LA NÉCESSITÉ

DE

FORMER DES CLUBS

La France est un immense jury, appelé par
ses droits à juger les actes du pouvoir.

Eh quoi ! parce que le regime absurde sous lequel nous avons vécu depuis quarante ans, proscrivait les réunions de plus de vingt personnes, faudra-t-il encore aujourd'hui continuer de porter servilement le joug d'une prohibition aussi honteuse, quand nous avons reconquis tous nos droits à la liberté, et accablé nos tyrans du poids des fers dont ils avaient réussi à nous charger ?

Est-ce que du jour même qu'un peuple a détrôné la tyrannie, toutes les lois qui la maintenaient ne sont point abrogées de droit, comme elles le sont de fait par son triomphe ? Et dans ce naufrage général où tant d'abus périssent avec ceux qui les avaient créés, doit-on rien respecter autre chose que les *bonnes* lois, que celles qui tendent à conserver à chaque citoyen sa fortune, son existence et sa liberté ?

1848

Ce caractère si facile à saisir dans les lois que le seul instinct suffit pour le faire reconnaître de l'homme du jugement le moins exercé, ce caractère a-t-il besoin de l'appréciation particulière d'une assemblée législative, pour être défini convenablement? et lorsque cette assemblée, par une indifférence calculée à dessein ou par oubli seulement, néglige ou omet de donner cette définition, les citoyens deviennent-ils criminels pour enfreindre une défense qu'ils ont jugée nuisible à leurs intérêts, ou à quelqu'un de leurs droits politiques?

Où nous mènerait un pareil système s'il venait à prévaloir dans nos tribunaux, et si ceux qui s'en trouveraient les victimes étaient encore dépossédés du droit de s'en plaindre? Il ne tiendrait alors qu'à la Chambre, ou du moins aux ministres, de prolonger indéfiniment ce silence pour jeter dans les fers tous ceux qui méconnaîtraient cette odieuse loi; cette loi qui est encore plus atroce par les motifs qui l'ont dictée, que par les peines qu'elle prononce contre ceux qui l'enfreignent. Le gouvernement actuel est, comme sa conduite à l'égard de la presse périodique le prouve, assez ombrageux pour employer ce moyen, afin d'étouffer ses contradicteurs, si nos cours de justice par leurs arrêts lui persuadent que ce moyen est légal, et il ne manquera pas d'étendre ce silence à beaucoup d'autres mauvaises lois, si c'est pour lui un moyen d'enchaîner toutes celles de nos autres libertés dont il redoutera le plus l'exercice.

Mais que les citoyens mettent en commun leurs ressentiments, et vous verrez bientôt le gouvernement adopter une marche bien différente de celle qu'il tient aujourd'hui ; c'est bien aussi parce qu'il redoute l'effet moral de ces grandes réunions sur l'opinion publique, qu'il s'efforcera, tout aussi longtemps qu'il le pourra, de s'opposer à leur formation.

Avec quelle merveilleuse adresse, tout pressé qu'il est par sa conscience qu'il viole en les empêchant, une de nos plus utiles libertés, avec quelle merveilleuse adresse, dis-je, profite-t-il de nos préjugés ou de nos vaines terreurs, pour nous dégoûter d'en faire usage ! il ne faut pas, dit-il, deux pouvoirs dans un état, si l'on veut que tout y aille bien, que l'ordre public ne soit pas troublé et que les intérêts du commerce et de l'industrie ne soient pas livrés journellement à de nouvelles alarmes.

Ce ne sont là que de vains mots qui prouvent bien plus les craintes que l'autorité conçoit pour elle-même, que sa sollicitude pour les intérêts qu'elle affecte de prendre sous sa protection. C'est qu'en effet ce serait fait de bien des abus dont elle vit, si les citoyens ne veillaient par eux-mêmes à ce qu'elle n'en tolérât aucun comme il est dans leur droit de l'exiger.

Est-ce qu'à Rome, à Athènes ou à Sparte, les affaires publiques en alláient plus mal parce qu'elles étaient le constant objet de l'attention du moindre des citoyens? est-ce qu'aux Etats-Unis, où chacun s'en occupe aussi, et en Angleterre, que l'on ne manque jamais de nous proposer pour exemple toutes les fois qu'on veut nous faire faire une concession au profit de l'aristocratie, est-ce que là, dis-je, où l'on discute librement sur les places publiques, dans les maisons particulières ou dans les tavernes, les questions de morale, de politique ou de législation, qui peuvent intéresser le pays, là encore où l'on s'exprime avec la même franchise sur les actes du gouvernement, où l'on blâme la conduite de tel ministre ou de tel magistrat, suivant que l'un et l'autre ont paru blâmables au citoyen qui croit être assez bien instruit pour pouvoir les traduire à son tribunal ; est-ce, dis-je, que dans aucun de ces pays nous voyons la tranquillité publique un seul instant troublée par ces graves débats ? Si elle ne l'est pas dans ces pays, pourquoi le serait-elle plus dans le nôtre?

L'autorité, habile à profiter de notre ignorance à cet égard, ne manque pas, pour se défendre de l'importune censure dont ses actes pourraient être l'objet dans des réunions populaires de ce genre, de nous crier que nos mœurs, que notre caractère ne sauraient s'en accommoder, et que nous tomberions immédiatement dans l'anarchie. Elle appelle à son secours des souvenirs de terreur qui

font sur bien des gens irréfléchis une impression
très défavorable à ses vues, elle persuade à dessein
à ces honnêtes bourgeois qu'un club est une arène
où les passions du peuple se déchaînent avec fu-
reur contre la grande et petite propriété, où les
motions les plus incendiaires, vomies par la bouche
de la plus hideuse ochlocratie, appellent la loi
agraire, le nivellement de la société par le coupe-
ret de la guillotine; et où les délations du dernier
misérable peuvent envoyer à l'échafaud ses maîtres
ou ses bienfaiteurs.

C'est 93 avec toutes ses horreurs qu'elle rappelle
à tous les esprits, confondant à dessein celles plus
effroyables encore que commirent simultanément
les comités de surveillance et de salut public, d'où
partaient à la fois et sans ombre de raison ni de
justice les accusations et les arrêts de mort.

Avec un peu de réflexion et plus de connaissance
du caractère de la révolution à laquelle on prétend
assimiler la nôtre, on comprendrait cependant que
les effets étant toujours subordonnés aux causes,
nous ne pourrions être exposés aux excès qui ont
déshonoré celle de 89, en formant des assemblées
du même genre que celles auxquelles on a peut-
être fort mal à propos imputé tant de maux. Loin
de là, je soutiens que nous en retirerions encore
plus d'avantage pour nos libertés, pour notre commerce et pour toutes nos institutions en général,
et que tous les clubs et tous les comités possibles

de la première révolution n'ont fait de mal à la société.

Quelles différences essentielles, en effet, se font remarquer dans ces deux grandes commotions politiques! l'une est le résultat de haines, de ressentiments comprimés sous le poids de quatorze siècles d'esclavage, et qui ne pouvait s'opérer que par l'effusion du sang d'une partie de ceux à qui cet esclavage avait profité : l'autre, quoique participant un peu des mêmes causes, mais faite par des hommes qui avaient du moins savouré quelque temps le doux fruit de la liberté, s'est effectué sans secousse, sans verser d'autre sang que celui des satellites du tyran qui avait voulu achever de mettre le despotisme à la place des lois. Inexpérience d'un côté, et soif inextinguible de vengeance de l'autre ; connaissance exacte de l'ordre dans lequel on voulait entrer, et nul besoin de réaction. Des priviléges à détruire, des castes riches à décimer pour en avoir raison, et l'Europe en armes aux portes de la France : il y avait là bien des motifs pour nos pères de ne pas faire leur révolution avec de *l'eau de rose*, et les événements ont prouvé depuis qu'ils avaient été encore bien en-deçà de ce que la gravité des circonstances les autorisait à faire pour assurer leur propre tranquillité et celle de leurs enfants.

Nous, au contraire, dont la position et surtout les intérêts étaient si différents, puisque la noblesse n'existait plus que de nom, et que les monstrueux abus du régime féodal avaient disparu de notre sol, nous avons pu renverser d'un souffle un trône que ne soutenait plus l'opinion, et nous montrer clémens après la victoire, puisqu'il ne se trouvait plus d'ennemis, d'ennemis puissans en disposition de nous résister.

Sur qui donc voudrait-on aujourd'hui que nous jetassions la rage qu'on nous suppose? sur le clergé? Mais le clergé n'a plus de biens, et nous estimons trop le ministère des prêtres quand il est dignement exercé, pour penser jamais à organiser contre eux une persécution. Frapperons-nous sur l'aristocratie de naissance? pas davantage, puisque sa puissance est anéantie, et que les châteaux crenelés, les hautes, basses et moyennes justices n'existent plus que dans les romans; puisque les nobles d'aujourd'hui sont comme nous, du moins pour la plupart, de braves et dignes citoyens qui cultivent les arts, s'associent à nos travaux, à nos spéculations, et souvent à notre industrie; toutes choses que se seraient bien gardés de faire ces fiers barons du moyen âge, qui tiraient au contraire vanité de leur ignorance; seulement il est assez probable qu'à la place de ces terribles ennemis, nous attaquerons de front dans nos clubs, et c'est ce qui fait trembler le gouvernement, les innombrables abus qu'il laisse subsister, les injustices qu'il consacre, et les fausses mesures qu'il prend pour traiter nos affaires du dedans aussi bien que celles du dehors.

Mais parce qu'en surveillant sa marche, en l'obligeant à marcher droit quand il voudra aller de travers, nous gênerons un peu son allure, serons-nous pour cela dans l'anarchie? parce que nous éclairant par la discussion sur le mérite ou les inconvénients d'une loi qu'il aura proposée, nous ferons connaître au public, à la France, notre opinion sur cette loi ; ou quand, l'ayant jugée mauvaise, absurde, contraire à quelqu'un de nos grands intérêts, nous supplierons collectivement le roi de ne pas la sanctionner, serons-nous pour cela des conspirateurs ? Quand nous demanderons qu'on fasse une bonne loi d'élection, une loi qui nous offre le plus de garanties possible, que la représentation nationale ne sera pas un vain mot ; quand nous demanderons pour la presse une liberté moins illusoire que celle qui lui est maintenant octroyée ; quand nous réclamerons contre l'intolérable faiblesse qui maintient aux emplois les créatures du gouvernement déchu, les magistrats qui ont condamné les écrivains du parti libéral ; quand nous nous éleverons contre le cumul des places qui concentre dans les mains de quelques intrigants favorisés les moyens d'existence d'une multitude de bons citoyens que cette criante injustice réduit à la misère et à l'opprobre, sans que leurs capacités et leur probité les en puisse garantir ; quand nous réclamerons contre ces odieuses répartitions dans les traitements de[s] employés de toutes les administrations, où ceux qui n'ont rien à faire ou que peu de chose, sont vingt fois mieux rétribués que les malheureux subalternes sur qui pèse toute la charge du travail; quand nous plaiderons la cause du mérite et du talent contre les médiocrités protégées qui les écrasent dans toutes les carrières par la préférence qu'on accorde presque toujours à l'esprit d'intrigue et de bassesse, sur la noble fierté du génie; quand nous recommanderons qu'on brise les chaînes honteuses que l'université impose aux chefs d'institution, qu'elle a si longtemps pressurés et tyrannisés de toutes les manières sans la moindre utilité pour l'éducation ; quand, enfin, nous nous récrierons sur la mauvaise administration des établissements destinés à [secourir le pauvre, comme le sont les hôpitaux, les bureaux de charité, les maisons de refuge ou les dépôts de mendicité, que la sordide cupidité de plus d'un administrateur change en des lieux de souffrance et de désespoir pour les infortunés que l'âge, la misère ou les maladies obligent à y entrer pour ne pas expirer dans les carrefours ; pourra-t-on nous accuser de prêcher la révolte et d'exposer notre pays aux horreurs d'une guerre civile ?

Voilà cependant quel doit être l'objet de ces réunions dont on fait un si grand sujet de terreur au peuple, qui croit sur sa parole tout ce qu'une

chambre anti-libérale peut avoir intérêt à lui persuader ; voilà aussi ce dont s'occuperont nécessairement tous les citoyens bien intentionnés pour leur
pays, s'ils entendent bien eux-mêmes leurs propres
intérêts.

C'est dans cet esprit d'ordre et d'amour du bien
public, qu'ils devront procéder pour arriver à un
résultat satisfaisant, un résultat qui leur acquière
des droits à la reconnaissance de ceux de leurs concitoyens que des circonstances particulières empê-
cheront de se réunir à eux. Et comment pourrait-
il venir à la pensée d'aucun des membres de ces
grandes sociétés, de s'écarter de ce plan de sagesse,
puisque, en en suivant un autre, elles perdraient
la considération et la popularité qui peuvent seules
leur donner de la consistance, et prêter à leurs re-
montrances tout le poids qu'elles ont besoin d'avoir
pour se faire écouter de l'autorité.

Qui doute que des patriotes éclairés et purs
d'antécédents reprochables, ne pussent rendre à
la France d'éminents services dans les circonstances
actuelles, où tout se trouve encore, malgré les réclamations des bons esprits, dans un désolant pro-
visoire. Avec quel intérêt n'assisterait-on pas à
leurs séances, s'ils les consacraient à la discussion
des matières importantes que je viens d'indiquer
sommairement, ou de toutes autres aussi intéres-
santes qu'il pourrait leur convenir d'examiner ?
Qui songerait à blâmer ou à tourner en ridicule ces

discussions, si, roulant toujours sur des objets d'utilité publique, elles se passaient constamment avec ordre et décence, comme dans des assemblées que le sentiment de leur dignité maintient sans cesse dans les bornes d'une juste modération, qui n'exclut cependant pas l'énergie chez ceux de ses membres qui sont en possession de la parole ?

Croit-on que le peuple qui ne peut jamais avoir accès à la Chambre de ses députés, ne se croirait pas à moitié dédommagé de cette privation, s'il pouvait venir librement écouter les débats de ces assemblées, si l'on prenait surtout le soin de les composer de la manière que je viens de dire tout-à-l'heure ? L'habitude qu'il prendrait d'y assister ne tournerait-elle même pas autant au profit de ses mœurs que de son esprit, puisque les moments qu'il y consacrerait seraient autant de conquêtes faites sur des loisirs dont il ne fait pas toujours un très bon usage ? Son jugement et son cœur y gagneraient à coup sûr ; car il n'entendrait là que le langage quelquefois brûlant mais toujours désintéressé des amis du bien public. Ce serait dans tous les cas plus leur faute que la sienne, s'il rentrait chez lui avec de fausses idées de ses droits civiques, ou si les ayant bien compris il manquait d'ardeur et de courage pour les bien défendre.

De toutes parts, à ces écoles, se formeraient tous les jours d'excellents citoyens, qu'une foule innombrable de préjugés empêche encore de se livrer à leurs vertus naturelles, retenus qu'ils en sont par la crainte de tomber dans de funestes erreurs ; cette sorte d'enseignement mutuel sur les droits et les devoirs sociaux se communiquant du sein de ces clubs à l'intérieur des familles, formerait rapidement un esprit public qui a toujours manqué à la France, pour tirer un parti convenable des positions souvent bizarres, mais presque toujours avantageuses où l'ont placée les fautes des divers gouvernements qu'elle a subis. Plus sages et plus instruits que nous en cela, les Anglais n'ont jamais manqué de faire tourner au profit de leurs libertés, les bévues ou les crimes de leurs maîtres ; et les nôtres, sous ce point de vue, nous ont assez fourni d'occasions de nous enrichir à leurs dépens, quoique nous soyons encore aussi pauvres de ce côté que s'ils eussent toujours bien conduit nos affaires.

C'est le manque d'esprit d'association qui a perpétué notre servitude, et c'est aussi parce que le pouvoir savait qu'il lui serait toujours facile de nous opprimer, tant que nous vivrions isolés les uns des autres, qu'il a de tout temps si fortement tenu à nous empêcher de nous réunir. Que pouvait en effet contre lui la plainte isolée d'une de ses victimes, quand des circonstances extraordinaires ne le contraignaient pas à y faire attention ! Il en riait le plus souvent parce qu'un gouvernement despotique n'a jamais de respect que pour ce qu'il se sent obligé de craindre : c'est le riche avare qui ne fait l'aumône qu'à celui qui la lui demande le sabre au poing; aussi, faut-il, par représailles, traiter avec lui de Turc à Maure, lorsqu'on est en position de le faire, et quoique celui-ci semble devoir être plus juste et plus humain que celui que nous avons anéanti, encore faut-il prendre avec lui de telles précautions qu'il ne lui devienne plus possible de nous fouler par la suite si l'envie lui en prend. Or, on sait qu'il ne faut pour cela qu'un seul homme au ministère pour tout entraîner dans cette voie dangereuse. Les clubs, tels que je les conçois, nous donneraient toujours cet avantage, de demeurer en quelque sorte indifférents à ces changements d'hommes et de systèmes, assurés que nous serions de les voir venir tôt ou tard se briser contre notre immuable volonté qui les forcerait toujours de réparer les brèches qu'ils auraient faites à nos libertés.

Mais pour parvenir à ce noble résultat, et si nous voulons que la France applaudisse à nos efforts et les seconde, gardons-nous de prendre jamais en main d'autre cause que celle de la justice, d'autre défense que celle du faible et de l'opprimé; car toute autre conduite nous déconsidérerait aux yeux de nos concitoyens, et ne nous mériterait avec raison que les titres d'anarchistes et de factieux. Mais si nous usons de notre force avec sagesse, qui pourra se flatter de nous résister ? Plus puissants que tous les journaux réunis, parce que nous présenterons une masse compacte à laquelle l'assentiment du peuple prêtera son invincible appui, nous forcerons l'autorité à réparer l'injustice qu'elle aura faite elle-même ou toléré chez quelqu'un de ces agents. Cette puissance sera doublement invincible si chaque club établi dans le même but, avec le même esprit, a l'attention de former dans chacun des départements des clubs qui adoptent avec sa dénomination particulière les statuts et le réglement qu'il aura jugé à propos de s'imposer pour sa propre discipline. Sa voix puissante comme le tonnerre, retentissant alors à toutes les extrémités de la France, ira réveiller dans tous les cœurs, et presqu'au même moment, la généreuse indignation que lui aura inspirée l'acte arbitraire dont il aura entrepris d'obtenir la réparation.

Tenus en respect par la crainte d'un blâme aussi universel, quel ministre, quel chef d'administration osera refuser d'entendre à une réclamation fondée sur le droit et sur l'équité, comme le font encore aujourd'hui tant de hauts personnages, dont beaucoup de fort bons citoyens ont si grandement à se plaindre ?

On ne verra plus alors de ces pétitions si vainement renouvelées à la Chambre et renvoyées au ministre qui les concerne, mais qui force par son silence le malheureux qui les a présentées à continuer de les présenter encore pour subir le même sort qu'elles ont subi les années précédentes ; il faudra, quel que soit l'état ou la fortune du plaignant, que prompte et bonne justice lui soit faite, sous peine de nous entendre crier à la félonie contre le fonctionnaire, l'administrateur ou le ministre assez orgueilleux pour continuer à se taire quand nous l'aurons adjuré de s'expliquer.

Mais, dira-t-on, ce sera exercer un empire bien despotique sur le gouvernement lui-même, que d'exiger de lui de pareilles choses. Qui voudra lui consacrer ses services, s'ils doivent être soumis à un contrôle aussi rigoureux, à une inquisition aussi insupportable ? Vos clubs une fois établis aspireront à une souveraineté pareille à celle que les tribuns exerçaient dans Rome au nom du peuple.

Il y a du vrai dans cette objection ; mais qui pourra s'en plaindre, si cette autorité purement morale profite à tout le monde, et particulièrement à ceux que l'arbitraire peut frapper, et priver bien souvent de ses moyens d'existence, comme il est arrivé à tant de citoyens respectables de l'éprouver sous l'ancien gouvernement ?

Pourrait-on nombrer les braves qu'on a éliminés du service et qu'on a réduits au pain de la misère, pour punir en eux des opinions, des souvenirs de gloire qu'on avait l'hypocrisie de louer, quoiqu'ils fussent les seules causes de la destitution de ces vieux favoris de la victoire ? Compterait-on bien encore les injustices du même genre et pour les mêmes motifs faites à de savants professeurs dont la philosophie ne s'accordait pas assez avec celle des pères de Montrouge ou de Saint-Acheul, qu'on s'empressait de jeter dans les chaires à leurs places? Dirait-on encore bien la multitude de préfets, de maires, d'avoués, de notaires ou d'autres fonctionnaires aussi recommandables qu'on a si honteusement chassés du théâtre de leur administration ou privés de leurs charges, par la seule raison qu'ils avaient eu le malheur de déplaire aux ministres dont leur état respectif les faisait dépendre?

Tant de despotisme de la part des dépositaires de l'autorité ne doit-il pas faire regarder comme un très grand bien le contre-poids que je jette dans la balance du pouvoir pour le faire pencher un peu plus du côté du peuple, lui qui fut toujours trouvé si léger, quand on l'a pesé contre ses ministres! D'ailleurs, pourquoi se plaindre d'un expédient qui ne fait d'autre tort aux agents du gouvernement que de les obliger à se bien conduire? S'ils sont dignes des fonctions qu'on leur a confiées, on le verra bien à la manière dont ils accueilleront ces observations; s'ils s'en offensent, ce ne sera sans doute pas leur faire injure que de suspecter leur libéralisme.

Pense-t-on en effet que, si des associations de ce genre eussent pu se former sous le gouvernement de Charles X, ses ministres eussent osé se permettre les coupables excès auxquels ils n'ont

pas craint de se porter contre le peuple ? Croit-
on même que ceux de Louis XVIII eussent eu
le courage d'aider ce monarque hypocrite à faus-
ser la loi d'élection qu'il avait lui-même con-
sacrée par sa Charte? Non, non, au seul bruit
de ce coupable projet, dont tous les bons esprits
ont été simultanément alarmés parce qu'ils en
prévoyaient les désastreuses conséquences, les
clubs, s'il en eût existé alors, auraient énergique-
ment crié à la trahison : la France, à leur appel,
eût été debout et en armes prête à défendre la
plus précieuse de ses libertés, après celle de la
presse, et le despote et ses lâches favoris eussent
reculé, glacés d'effroi, devant cette redoutable
spontanéité de l'indignation publique. Vaincus
dans leur première tentative, il est au moins dou-
teux qu'ils se fussent exposés aux dangers des
chances d'une seconde, et la France peut aujour-
d'hui savoir, par tout ce qu'elle a souffert depuis,
ce que lui eût valu cette victoire, si elle se fût mise
en devoir de la remporter dans ce temps-là.

Les clubs pouvaient seuls lui en faciliter les
moyens ; seuls ils pourront encore assurer son
avenir contre le renouvellement de semblables
calamités ; pourquoi donc, en présence d'avantages aussi considérables , hésiterait-on à organiser de toutes parts de pareilles réunions dans
la crainte d'en éprouver quelques inconvénients ?
Pour quelques troubles passagers, dont leur éta-

blissement eût été l'occasion à cette époque, que
d'humiliations, que d'affronts ne se fût-on pas
épargnés, que de prospérité, que de grandeur
à la place du honteux esclavage qui nous fut im-
posé pendant quinze ans! Qui oserait dire, en
présence d'un si funeste exemple du respect de
tout un peuple pour un ordre légal aussi monstrueux, qu'il a bien fait de persévérer dans ce
respect!

Personne plus que moi ne chérit l'ordre dans
un état, et l'on en doit croire sur parole un
homme dont l'existence repose sur des travaux
littéraires auxquels il ne peut se livrer avec fruit
que quand le commerce fleurit à l'ombre de la
tranquillité. Par cette raison, on ne saurait sans
injustice m'accuser de vouloir introduire dans
ce même État des éléments d'anarchie qui perpé-
tueraient le trouble auquel il est maintenant en
proie. Si donc j'insiste pour voir se former des
clubs dans Paris, et même par toute la France,
c'est parce que, à cela près des inconvénients très
minimes attachés à leur établissement, ils rendraient l'immense service d'obliger le gouvernement à entrer dans les voies où la très grande
majorité des Français désire le voir marcher franchement, mais où il me semble craindre de mettre
le pied.

Si nous supposons que cette incertitude vienne
plutôt du roi que de ses ministres, parce qu'il ne

connaît pas encore suffisamment l'opinion de la France (ce qui est assez peu supposable), il saura bientôt ce qu'elle est et ce qu'elle exige, en l'entendant se manifester par l'organe des associations que je propose. Lorsque, contre un club d'ultras, il comptera cent clubs libéraux, voulant une monarchie constitutionnelle, une monarchie assurant aux Français toute la liberté d'un gouvernement républicain, moins ses désavantages et ses dangers, l'hésitation du Roi cessera ; il saura sur qui s'appuyer et de quels hommes s'entourer pour plaire à la nation. Les clubs alors, loin d'être un obstacle à son gouvernement, en assureront au contraire la marche, et le défendront même contre les agitateurs que le parti carliste pourrait soulever contre lui. Le Roi saura alors, à n'en plus douter, que nous ne voulons pas, que personne ne veut au pouvoir, dans la magistrature, dans les emplois publics, aucun des serviteurs de l'ancien gouvernement. Et puisque ces derniers ont tant de fois parlé de se compter, ils pourront, en le faisant, s'assurer qu'ils ne font qu'une très petite fraction de la société qu'ils se sont si mal-à-propos cru appelés à dominer jusqu'à ce jour.

Je n'ignore pas tout ce qu'ils pourront tenter pour faire tourner contre nous-mêmes les avantages de ces institutions. Unis d'intérêt en cela avec le gouvernement, et à qui elles déplairont également, ils donneront à dessein dans des exagérations capables d'effrayer les plus zélés partisans de la liberté. C'est un piége qu'il sera facile d'éviter en continuant de se tenir très scrupuleusement dans les bornes de la modération.

Une autre fois encore, et pour alarmer le commerce, ils répandront des bruits sinistres sur nos projets; pour donner de la consistance aux nouvelles absurdes qu'ils auront fabriquées, ils iront jusqu'à soudoyer des malheureux avec charge de former des rassemblements séditieux autour des lieux où seront établis nos clubs, il arrivera même souvent que l'ordre de nos séances sera troublé par des vociférations de nature à nous rappeler 93. Si les bons citoyens se laissent surprendre à ces terreurs de commande, ce sera fait des clubs et de la liberté, car le gouvernement aura gagné sa partie contre nous sous le spécieux prétexte d'assurer la tranquillité publique et de rendre au commerce la sécurité ; il déploiera contre nous toutes les rigueurs du pouvoir exécutif, et nous serons placés dans la nécessité de lutter avec lui, d'en triompher ou de retomber dans l'isolement qui fait aujourd'hui notre faiblesse ; et je n'ai pas besoin d'ajouter que, dans ce cas, tous les fruits de notre révolution seront perdus sans retour, qu'ils continueront de profiter à nos ennemis, qui sauront prendre un peu plus tard leur revanche de la confusion où les a jetés leur défaite

Qu'on ne s'abuse pas, les moments sont précieux

pour se prononcer ; si l'on attend pour le faire que les hommes qui compriment le libéralisme du roi se soient *casematés* dans les hauts emplois, aux ministères, aux chambres et dans les administrations, il ne sera plus temps de rêver aux moyens de les en faire sortir ; on ne le pourra plus qu'en relevant de nouvelles barricades, et c'est ce qu'il faut éviter, car le sang les arroserait de nouveau : or, le sang français est trop précieux pour que nous n'évitions pas toutes les occasions de le répandre ; mieux vaudrait, dans ce cas, supporter sans se plaindre les conséquences d'un défaut de prévoyance, que de reconquérir ses droits au prix d'une nouvelle révolution.

Que si, au contraire, et tandis que le langage de la reconnaissance et même de la flatterie est encore à l'usage de la nouvelle cour, nous exprimons franchement nos vœux sur le fait de nos libertés et sur la manière dont nous entendons en jouir ; si surtout nous déjouons, par notre sagesse et notre fermeté, les ruses qu'on ne manquera pas de mettre en usage pour nous désunir, il arrivera nécessairement que le peu de patriotes dévoués qui se trouvent aux deux chambres ou à la tête des grandes administrations, uniront leurs efforts aux nôtres pour faire prévaloir notre cause, la cause nationale sur celle de nos ennemis, qui ont déjà plus d'influence et de pouvoir que bien des gens ne se l'imaginent.

Sans clubs, je le répète, point de résistance possible aux empiétements naturels, même au gouvernement le moins enclin à l'absolutisme ; eux
seuls peuvent donner au droit de pétition la réa-
lité qui lui a toujours manqué jusqu'à présent. On
se rit, je l'ai déjà dit, aux chambres comme dans
les ministères, de toute réclamation, si juste qu'elle
soit, du moment qu'elle est dénuée d'un appui
assez fort pour se faire respecter. Les clubs, à cet
égard, en présenteraient toujours un qu'on n'oserait
jamais mépriser, si contrariante que pût paraître
cette réclamation : et nous serions d'autant plus
assurés qu'on ferait droit à celles que nous pré-
senterions, que nous nous ferions toujours un
devoir de n'en appuyer jamais que de raisonna-
bles, et constamment marquées au coin de l'intérêt
général.

Le moyen d'arriver à ce résultat serait de ne
composer ces sociétés que d'hommes absolument
de la même opinion, car les disputes ne naissent,
dans des assemblées de ce genre, que parce qu'on
néglige trop cette précaution par la fausse idée
qu'on se fait que l'on sera toujours assez fort pour
maîtriser sés contradicteurs. C'est ce qui rend raison de la violence des débats qui ont quelquefois
lieu à la Chambre. Entre des députés qui seraient
tous également royalistes ou également libéraux,
on n'entendrait jamais de ces personnalités déso-
bligeantes qui font de si cruelles blessures à l'a-

mour-propre, et qui participent même si souvent de l'outrage. Les épitèthes de factieux, les rappels à l'ordre hors de propos, et les interruptions tumultueuses qui portent de si rudes atteintes à la dignité parlementaire, n'affligeraient pas aussi fréquemment les amis de la liberté.

Les clubs qui ne compteraient dans leur sein que des patriotes, pourraient être divisés d'opinion sur les moyens de faire le bien, mais leurs débats seraient sans fiel et sans aigreur, assurés qu'ils seraient de leurs bonnes intentions, et ils finiraient toujours par s'accorder, sans avoir à se reprocher de coupables emportements contre leurs amis.

Si j'avais à m'occuper des moyens de constituer une de ces sociétés, j'indiquerais volontiers ceux-ci comme pouvant arriver plus facilement au but que je me propose,

Avec deux ou trois amis que je saurais préférer comme moi à tout autre mode de gouvernement, la monarchie constitutionnelle et le chef qui préside à celle que nous avons aujourd'hui, je jetterais les fondements de mon institution.

Je les chargerais de recruter dans leurs amis particuliers des hommes qui fussent aussi exactement de la même opinion, et ces derniers à leur tour procéderaient de la même manière à l'egard de ceux qu'ils connaîtraient aussi particulièrement : ils devraient s'arrêter dans leurs recherches aussitôt que nous aurions atteint le nombre de cinquante, plus un, pour qu'il pût être nommé un président.

Le patriotisme de chacun de ces membres étant bien avéré, on pourrait en toute confiance se constituer.

Un président, et un vice-président pour le suppléer au besoin, un trésorier, deux secrétaires, deux scrutateurs, mais dont les fonctions ne seraient exercées qu'alternativement, et pour le cas d'absence des titulaires en charge, tels seraient les officiers de la société, qui pourrait les remplacer par d'autres tous les trois mois, pour assurer à chacun de ses membres les avantages de la plus parfaite égalité.

Les conditions pour être reçu devraient être de n'avoir aucun antécédent reprochable en politique, mais surtout en probité.

Il faudrait s'allier par un serment solennel, et se promettre l'un à l'autre, à la vie, à la mort, assistance, protection et dévouement sans bornes, en quelque occasion et circonstance que ce fût : un signe, un attouchement secret dont on conviendrait, aiderait les membres des mêmes clubs à se connaître, en quelque endroit de la France ou de l'étranger qu'ils pussent se rencontrer.

Une cotisation légère, mais nécessaire aux choses dont je parlerai tout à l'heure, serait versée par chacun des membres dans la caisse du trésorier, au jour de leur réception à chaque séance, que je ne fixe pas à moins de deux par semaine : ils met-traient à la même caisse cinquante centimes. Ces sommes, jointes à quelques avances qu'on pourrait faire, donneraient indubitablement la facilité de faire imprimer un résumé des débats qui auraient eu lieu aux séances. Ce résumé ne serait pas sans intérêt pour le peuple, et pourrait être vendu moyennant un prix très modique, et envoyé moyen-nant un abonnement aussi très peu considérable, aux correspondants du club dans les départements. Ce serait un moyen de les tenir au courant des questions dont on se serait occupé, de leur faire connaître la manière dont on les aurait résolues, et de les instruire, en un mot, des déterminations auxquelles on se serait arrêté.

Les bénéfices présumés de cette opération, aussi bien que les autres fonds, seraient destinés à offrir des secours à des artistes, à des gens de lettres qu'on saurait être dans la gêne, pourvu que ce ne fût pas l'inconduite qui les y eût réduits.

Sur ces mêmes fonds, on prendrait encore les frais de location, de chauffage et d'éclairage de l'endroit qu'on aurait choisi pour s'assembler.

Un double réglement y serait affiché. Le premier pour les membres du club; le second, qui ne serait à proprement parler qu'un simple avis, indiquerait au public les jours, l'heure et la durée des séan-ces, aussi bien que la recommandation de n'en pas troubler la tranquillité.

Le réglement destiné aux membres de la société mentionnerait l'ordre dans lequel chacun serait appelé à émettre son avis sur les objets dont on aurait à s'occuper, le nombre de voix destiné à former la majorité des suffrages, et qu'à mon sens je fixerais aux deux tiers des votants, comme je voudrais qu'on l'exigeât dans les juris, dans nos assises et dans toutes nos cours de justice; il mentionnerait en outre les cas dans lesquels on pourrait être rappelé à l'ordre, et ceux moins fréquents, il faut l'espérer, où l'on serait tenu de payer une amende quelconque pour infraction à quelque point essentiel du réglement.

Ce club ainsi organisé, s'il se présentait des patriotes réunissant les qualités exigées pour faire partie de cette société, le nombre de cinquante se trouvant complété, on recevrait ces braves citoyens qui, à leur tour, procédant de la même manière, en organiserait sur un autre point un second, un troisième, un quatrième, un vingtième, qui retenant la même dénomination, adoptant les mêmes statuts, le même réglement, et se conduisant enfin par les mêmes principes, propageraient nos idées et ajouteraient à notre force.

C'est ainsi que de proche en proche la France se trouverait enrichie d'une institution aussi favorable à sa liberté qu'au développement de ses lumières. Ce serait alors qu'elle pourrait se dire invincible, et qu'elle braverait les attaques de la tyrannie, défendue comme elle le serait par tant d'hommes dévoués à ses intérêts, et qu'un serment redoutable aurait unis à toutes ses destinées! Ce serait aussi seulement alors qu'un Français serait fier d'appartenir à quelqu'une de ces sociétés sur lesquelles on déverse aujourd'hui à dessein le ridicule et l'horreur. Oui, l'on serait fier d'en faire partie, puisque le patriotisme et la probité et toutes les qualités que ces deux vertus supposent seraient des titres indispensables à produire pour y être reçu ; comme la forfaiture a l'honneur deviendrait un motif d'exclusion à quiconque se serait aliéné l'estime de la société.

Qu'on ne me dise pas que je fais un beau rêve, un rêve impossible à réaliser ; l'exemple de la franche-maçonnerie est là pour prouver que ces sortes d'institutions ne sont pas plus difficiles à fonder que celle-là. Le succès ne dépend que de la bonté des choix que l'on fait, et si on y apporte du scrupule, on ne tardera pas à reconnaître la possibilité d'arriver, même en fort peu de temps, à un très beau résultat.

Que le gouvernement ne nous entrave pas, et il verra bientôt s'il est vrai, comme il s'efforce de nous le persuader, qu'il ne veut que notre bonheur ; il verra, dis-je, que nous serons plus aptes et plus ingénieux que lui-même à nous le procurer. Il saura pour la première fois, et ce sera sans doute à son extrême surprise, tout ce que peut l'esprit national d'un peuple quand son essor n'est pas gêné par l'étroitesse des vues, et plus souvent encore par l'égoïsme des créatures dont les hommes du pouvoir en général peuplent les administrations, les conseils et les tribunaux.

La conscience publique, plus sûre dans ses arrêts que les Cours de justice les mieux composées, tracera toujours d'une manière infaillible à son chef la route qu'il devra suivre, même dans les opérations les plus difficiles où pourront les placer les événements politiques ou les circonstances.

Laissez à cette conscience le soin de résoudre les questions de législation les plus ardues, et je vous promets qu'elle en sortira victorieuse en moins de temps que la commission que vous aurez cru la plus habile à les décider. Parlez-lui de philosophie, de morale, de droit des gens, elle vous répondra mieux et plus vite que les professeurs que vous avec placés dans les chaires de vos écoles pour faire l'éducation de la jeunesse. Raisonnez avec le bon sens public arts, industrie, commerce, vous ne le trouverez pas plus en défaut; il saura toujours mieux que vous-même ce qui convient à ses intérêts et à sa gloire. La preuve de cette assertion se trouve dans les défectuosités de vos lois, de vos codes sur lesquels on ne l'a pas consulté; et dans le blâme judicieux qu'il porte sur les inconvénients ou les vices que les législateurs les mieux exercés n'y avaient pas aperçus.

Reconnaissez encore sa perspicacité, on pourrait presque dire sa prescience aux divers jugements qu'il a portés sur les actes et les projets d'un homme que l'immense supériorité de son génie semblait avoir affranchi de l'erreur, j'entends parler de ceux de Napoléon. Avec quelle unanimité le blâme du peuple n'a-t-il pas éclaté contre sa politique, lorsqu'oubliant en ingrat ce qu'il devait à la révolution, il est allé chercher ses points d'appui dans des castes que l'animadversion nationale avait anéanties, mais que les illusions d'un faux orgueil le portèrent à ressusciter ! Comme ce peuple en prévit les conséquences et le punit plus tard des mépris dont il avait payé son dévouement ! Comme il frappa de réprobation la prétendue nécessité à laquelle il immola le duc d'Enghien ; comme il improuva les motifs qui poussèrent sa fière ambition à porter la terreur de ses armes en Espagne ; comme il maudit aussi ceux qui le conduisirent peu d'années après au cœur de la Russie, où toute une génération de héros a si chèrement payé l'attachement exclusif qu'elle lui avait toujours témoigné, au préjudice de celui qu'elle devait à la patrie !

La pénétration, la sagacité du peuple égalant la justice et la promptitude de ses jugements, il n'y a donc pas lieu de lui dénier le droit de s'assembler et de discuter comme bon peut lui sembler les actes du gouvernement, puisqu'il ne fait en cela que s'occuper de ses propres affaires. Puisque ce gouvernement n'existe que par lui et pour lui, les hommes qui le composent doivent, pour cette raison, se retirer, s'il ne veulent pas agir dans le sens que l'entend le peuple, s'ils s'obstinent à rester dans des voies qu'il a déclarées mauvaises ou dangereuses.

C'est ainsi que, par application de ce principe à ce qui se passe en France depuis la nouvelle révolution, on peut assurer, sans craindre d'être démenti, que l'immense majorité de la population voit avec autant de mépris que de colère une poignée d'hommes timides portés au pouvoir on ne sait trop par quelle impulsion, paralyser, par leur inconcevable inertie, le grand mouvement social qui les a mis eux-mêmes en évidence, alors que le patriotisme devrait au contraire, les porter à en doubler l'élan.

Si ces hommes-là ont peur de la liberté et reculent devant les éclatantes réparations que nous avons droit d'obtenir pour tout ce que nous avons souffert des excès du despotisme depuis quinze ans, qu'ils cèdent leurs places à ceux qui ne craindront pas d'épouser nos ressentiments et de nous rendre aussi libres que nous avons besoins de l'être. Il y a par trop de couardise ou d'hypocrisie à paraître craindre que la liberté, chez nous, ne dégénère en licence, après avoir vu la classe la plus infime de la société se comporter avec tant d'hé-

roïsme et de sagesse aux immortelles journées de
juillet. Il y a presque de la trahison à maintenir
aux emplois, mais surtout aux emplois publics, les
instruments et les fauteurs de la tyrannie de Charles X. Le char de la révolution ne peut, avec un
pareil fardeau, arriver au terme glorieux qu'il
s'est proposé d'atteindre; ils le renverseront
dans l'ornière de l'anarchie, en accusant la liberté
elle-même de l'avoir fait verser.

Voilà, je le dis franchement, ce que nous pro-
clamerons dans nos *clubs* avec beaucoup d'autres
vérités au moins aussi importantes; et ce sera bien
plutôt la faute du gouvernement que la nôtre si
ces justes réclamations contre un ordre de choses
aussi intolérable occasionne du trouble dans l'Etat.
Ce sera la marque la plus sûre de l'inconstitutiona-
lité du ministère s'il met sa gloire à résister à l'o-
pinion; car l'opinion, je le répète, ne conspire
jamais contre le bon ordre ni la justice, et quand
elle se prononce contre les personnes ou les choses,
c'est qu'elle sent qu'elles nuisent à quelques-uns
de ses intérêts; vouloir les maintenir quand elle
les a condamnées, c'est s'exposer à mériter soi-
même le blâme qu'elle tient en réserve pour les
mauvais citoyens.

Ne craignez pas que l'exigence populaire aille
jamais trop loin sur ce point, et vous force à des
actes dont vous ayez plus tard à rougir, si vous la
laissez libre de s'abandonner franchement à ses

inspirations. Elle pourra vous demander des con-
cessions sur beaucoup de points où vous n'êtes pas
décidés à en faire ; mais dans aucun cas elle ne
vous demandera rien de contraire à l'ordre, à la
morale, à l'humanité. Or, si ces trois choses sont
toujours respectées, que risquez-vous de lui céder ?
Ne savez-vous pas, et n'avez-vous pas eu tout ré-
cemment la preuve que les masses, considérées
collectivement, sont riches de plus de vertus que
vous n'en sauriez trouver chez l'individu réputé le
plus sage ? Si parfait qu'on puisse supposer ce dernier, il lui manque toujours quelques qualités
qu'on est tout étonné de rencontrer dans un homme
que, sous beaucoup de rapports, on est forcé de
mésestimer. Et quoique dans les individus qui
composent les masses tous les vices sans exception
existent également à côté de toutes les bonnes
qualités, il y a cependant cela de remarquable que
ce sont toujours ces dernières qui prévalent, et qui
prévalent considérablement dans toutes les grandes
assemblées où le peuple, libre de toute influence,
est appelé à juger d'après sa conscience. Soit que les
bonnes qualités l'emportent en effet sur les vices,
soit qu'un sentiment de pudeur oblige l'homme
en public à les cacher, parce qu'il sent le besoin
de l'estime, le fait est que ce sont toujours les
sentiments généreux qui dirigent les actions des
masses, comme c'est aussi la plus sévère équité
qui caractérise ses jugements.

L'infortuné Louis XVI croyait si bien à cette vertu chez le peuple, que c'était à son tribunal qu'il avait appelé de l'inique sentence que la Convention avait rendue contre lui. Et pourtant, la journée du 10 août avait pu lui inspirer bien des préventions contre le peuple parisien, dans lequel il mettait son espoir. Mais il avait raison de s'y fier, car la horde du 10 août n'était pas plus le peuple de Paris que ne l'était ces jours derniers celle qui venait demander la tête de Philippe ou celle des captifs de Vincennes. Le même sentiment qui a porté la Nation à respecter l'âge et les infortunes d'un roi qu'elle avait cependant bien des motifs de haïr, l'empêcherait de rien demander dans les clubs qui compromît la belle réputation dont elle jouit à si juste titre dans tous les endroits du globe où sa gloire est parvenue.

Sans les clubs, je le répète, pas de vraie liberté ; avec eux, point de despotisme possible, si ce n'est celui de la Nation elle-même ; mais chacun sent qu'elle ne peut jamais l'exercer que dans ses propres intérêts et contre des hommes disposés à les trahir. A cet égard, ceux qui pourront s'en trouver frappés n'auront pas le droit de s'en plaindre, parce qu'il n'aura tenu qu'à eux de mériter un sort plus favorable, en remplissant dignement les devoirs de la place à laquelle ils auront été promus. Cette crainte salutaire d'encourir la disgrâce d'un pouvoir qu'on méprise aujourd'hui parce

qu'il est encore sans action, obligera les fonctionnaires publics, à quelque classe qu'ils appartien-
nent, à s'acquitter de leurs fonctions de manière à mériter l'approbation de tous, ce qui vaut
sans doute mieux que de complaire au ministre,
au préfet, au chef d'administration, dont ils auront tenu leur place.

Avec ce système d'association, que tout gouvernement de bonne foi ne peut manquer de favo-
riser, le rétablissement des congrégations n'est
plus possible, et les coupables espérances du parti
carliste sont à jamais anéanties ; et la France sait
jusqu'à quel point elle est intéressée à confondre
sans retour ces ennemis de son bonheur et de sa
liberté ! En quels lieux assez secrets se réuniront-
ils pour tramer contre elle de nouveaux complots,
quand les yeux de chaque citoyen, constamment
ouverts sur eux, pourront suivre leurs démarches
et les signaler à l'autorité ? Quelles relations ose-
ront-ils établir avec les puissances étrangères,
quand au centre comme aux frontières et dans nos
villes maritimes, ils retrouveront à toute heure et
partout la même surveillance, les mêmes obstacles,
auxquels ils auront compté échapper en chan-
geant de localité ? il faudra qu'ils renoncent à nous
troubler, ou qu'ils abandonnent notre sol, mortel
désormais à l'esprit de caste et de privilége.

Mais, dira-t-on, c'est donner à vos clubs des at-
tributions peu différentes de celles dont ont si

cruellement abusé les comités de surveillance et de salut public ; c'est organiser la terreur par toute la France, et jeter une partie de ses habitants dans l'interdit. La fortune, la liberté, l'existence même des meilleurs citoyens, pourront se trouver menacées par le premier ennemi qui voudra venir les dénoncer à vos sociétés ; c'est la loi des suspects rétablie avec toutes ses horreurs que vous nous proposez là ; pourquoi ne pas laisser à l'autorité le soin de veiller à notre conservation ?

Voilà de bien fortes objections, mais je ne suis point embarrassé d'y répondre ; j'ai dû les élever, pour prouver ma bonne foi et faire voir en même temps combien il est facile de prouver leur peu de solidité. Et d'abord il faut bien que le peuple veille par lui-même aux soins de sa propre conservation, puisque l'autorité témoigne si peu de sollicitude pour les craintes qu'il lui manifeste journellement à cet égard.

Partout on lui signale des agitateurs : ici, ce sont des carlistes déguisés qui répandent l'argent à pleines mains chez des malheureux que la misère rend faciles à séduire, et qui se portent à leur signal, aux plus condamnables excès ; là, ce sont des soldats étrangers et des jésuites en habits bourgeois qui invitent des ouvriers à briser les machines, à violer le droit de propriété, pour nous jeter dans la défiance les uns des autres, et par suite dans la guerre civile. Et cette autorité attend, pour agir et frapper ces perturbateurs de l'ordre public, que ces noirs complots aient reçu leur exécution. Et quand elle frappe, sur qui tombent ses coups? sur de malheureux instruments qui n'en peuvent, la plupart de ceux qui les ont mis en œuvre ayant eu le temps de pourvoir à leur sûreté pour aller recommencer sur un autre point. C'est ce déplorable état de choses qui prouve la nécessité, pour le peuple, de suppléer par sa propre vigilance à celle si incertaine, si douteuse, des auxiliaires que s'est créés le gouvernement à Paris aussi bien que dans les départements.

Pour ce qui est des craintes qu'on manisfeste au sujet de l'abus que les clubs pourraient faire de leur puissance, je ferai d'abord remarquer que cette puissance n'aurait rien de dangereux, puisqu'elle ne serait que purement morale et sans nul droit sur les individus qui auraient éveillé ses soupçons ou excité ses alarmes. Il n'y aurait même pas de méprise à redouter de sa part, puisque l'on connaît partout, à ne pouvoir s'y tromper, depuis bien des années, les opinions politiques de chaque citoyen; que l'on sait parmi les royalistes quels sont les hommes sages, modérés, sur la tranquillité desquels on peut compter, et ceux que leur caractère emporté, l'exagération de leurs principes peuvent entraîner dans des entreprises attentatoires à la tranquillité publique. Ce ne serait que sur ces derniers particulièrement que s'exercerait la surveillance des clubs; et je ne vois pas ce qu'ils feraient de répréhensible en cela, puisqu'ils rendraient service à la société toute entière et en particulier aux magistrats, dont la religion est si souvent trompée par les membres qu'ils emploient à ces sortes de découvertes.

Si l'on considère d'ailleurs que les clubs ne pourraient dans aucun cas s'ériger en tribunal à l'égard des personnes qui leur auraient été signalées, mais qu'ils se borneraient à attirer sur elle l'attention de l'autorité; si l'on compte que cette dernière à son tour ne pourrait que les déférer aux tribunaux compétents pour les juger dans les formes prescrites et d'après les lois existantes, on conviendra sans doute qu'il n'y aurait lieu dans aucun cas pour personne, même pour celles qui se trouveraient livrées à la justice par cette voie, de crier à l'arbitraire, et d'établir la moindre comparaison entre la conduite de ces sociétés populaires et celles de 93. Puisque le jury, le témoignage et le droit de défense, tout leur serait conservé pour prouver leur innocence s'ils avaient été inculpés mal à propos; et sous ce dernier point de vue, le sentiment de justice qui anime aujourd'hui tous les amis de la liberté est assez fort pour les défendre de l'aveuglement de l'esprit de parti, et ils n'accueilleraient pas légèrement une dénonciation de ce genre.

Que ceux qui ont fait à ce sujet des réflexions

contraires à celles-ci se persuadent bien que le
temps où les dépouilles des condamnés profitaient
à ceux qui les avaient poussés sur l'échafaud, ne
pouvant plus revenir, puisque les confiscations
sont abolies, c'est une bien bonne raison pour que
le métier de délateur ne soit pas pratiqué comme
autrefois, puisqu'il rapporterait si peu à celui qui
voudrait l'exercer par spéculation.

Autre temps, autre mœurs, a toujours dit le
proverbe, et comme le caractère de notre révolution est éminemment empreint de bienveillance
et de douceur envers ceux que nous étions habitués
à considérer comme nos plus implacables ennemis, il est à croire que nous ne voudrons jamais
les immoler de sang-froid, après les avoir épargnés
aux jours où l'ardeur de la victoire pouvait servir
d'excuse à la cruauté.

Ce sont de vaines terreurs, des terreurs chimé-
riques, je pourrais même dire des terreurs de mauvaise foi, que celles que le gouvernement affecte à
la seule idée de nous voir nous réunir en sociétés
pour nous livrer à la discussion des affaires publiques. Ce qu'il redoute en cela, je l'ai dit, je le répète, ce n'est pas l'anarchie, puisqu'il sait que
nous ne saurions nous en accommoder plus que lui-
même, mais c'est notre union, notre force qui lui
font peur; et il a vraiment raison d'en avoir peur s'il
n'entre pas dans ses intentions de nous faire jouir
sans restriction de tous les droits dans lesquels

vient de nous réintégrer la révolution. Il comprend à merveille que sa force n'est rien auprès de la nôtre dans cet état de bonne alliance qui nous arme tous en même temps contre les mauvaises lois, contre les abus de toutes les espèces qu'il peut avoir intérêt à maintenir. Il sait par souvenir du prodige opéré par la seule association Bretonne, que notre seule inertie suffirait pour l'anéantir. Que serait-ce donc s'il nous mettait dans la nécessité d'agir en ennemis avec lui !...... C'est bien aussi pour cela qu'il conservera tant qu'il le pourra son art, 291, afin de pouvoir jeter sur les bancs de la police correctionnelle ceux qui seront assez hardis pour commencer à former ces sortes de réunions : c'est bien encore pour cela qu'il aura toujours les débats et M. Dupin à ses ordres en disposition de crier à la violation de l'ordre légal, comme si un ordre légal qui tue la liberté pouvait être respecté de ceux qui n'ont pas craint pour la conquérir de s'exposer à la mitraille des gardes de Charles X ; c'est enfin pour cela qu'à côté de ces clubs, quand ils se seront établis malgré ses efforts, il pourra permettre, pour les faire déconsidérer, que des anarchistes en organisent dans le voisinage des nôtres.

Ce moyen tout machiavélique, quoique un peu usé, pourrait produire une partie de l'effet qu'en attendraient ses auteurs ; mais il ne leur serait pas longtemps profitable : les bons citoyens, et particulièrement la garde nationale, devraient réunir tous leurs efforts pour comprimer les agitateurs sans nous confondre avec eux, et tout serait gagné pour la France du jour que le bon sens public aurait fait justice de ce piége grossier; du jour que l'artisan dans son atelier, que le marchand dans sa boutique fermeraient leur porte aux alarmistes gagés du ministère, qui viendraient répandre chez eux des bruits absurdes sur nos institutions.

Nos intentions, qu'on se le persuade bien, ne pourront jamais avoir que le bonheur public pour objet. Et comment voudrait-on qu'il en fût autrement? lorsque nous ne recruterons nos associés que dans ce que les académies, les facultés, les arts, le barreau, les lettres, le commerce et l'industrie pourront nous présenter de plus éclairé, mais surtout de plus dévoué aux intérêts de la patrie. N'est-ce pas là une suffisante garantie du bon ordre?

Pense-t-on, en effet, que de pareils éléments puissent jamais produire le trouble et pousser à la guerre civile, eux à qui la paix est si nécessaire? Pense-t-on qu'ils voulussent même jamais contrecarrer en rien le gouvernement, ou gêner l'exercice de son autorité, si le gouvernement ne se sert de cette autorité que pour faire des choses justes, utiles et généreuses? Non, qu'on se désabuse, les clubs, dans ce cas, seraient les premiers à donner l'exemple de la soumission et du respect des lois à

tous les autres citoyens, car personne ne doit se
dissimuler qu'il en sera proposé et adopté de telles
aux deux chambres, qu'on aura peut-être besoin
de se rappeler la gravité des motifs qui leur auront
donné l'existence, pour les supporter sans se plaindre. C'est alors aussi que le gouvernement commen-
cera à sentir que ces sociétés si redoutables sont
parfois bonnes à quelque chose, même dans une
monarchie constitutionnelle, quoiqu'il paraisse jusqu'à présent avoir douté qu'elles fussent compati-
bles avec elle, si l'on en juge au soin qu'il a pris de
s'opposer à leur formation. Prouvons-lui donc dès
à présent, en en établissant, que la France est un
immense jury appelé par ses droits à juger les actes
du pouvoir. Prouvons-le-lui, pour qu'il se garde
d'en faire de tels que nous soyons obligés de nous
lever de nouveau pour les casser, comme on l'a fait
de ceux des ministres du roi chevalier.

. . . .
. . . .
. . . .
. . . .

Voilà ce que je conseillais en 1830, et l'on voit
ce que sont devenus durant dix-huit ans les fruits
des glorieuses journées de Juillet!

Il en sera de même de ceux de la Révolution de
1848, si l'on ne recourt au moyen, au seul moyen
de la préserver de la rapacité des *habiles*, qu'on

est toujours sûr de trouver plus patriotes que ceux-là mêmes qui ont donné le plus de gages à la cause de la liberté.

Que le peuple ait l'œil sur ces gens-là, et qu'il se garde bien de leur accorder sa confiance, de les honorer de son mandat, car il en serait encore dupe et victime, comme il le fut il y a dix-huit ans; l'apostasie est passée dans leur sang, et de cette maladie on n'en guérit pas plus qu'à l'hospice Saint-Louis on ne guérit la lèpre.

Une chose cependant me rassure pour l'œuvre de 1848, c'est que ma pensé de 1830 commence à porter ses fruits; il se forme partout des assemblées, clubs ou comités animés d'un excellent esprit, tous paraissant comprendre la nécessité de tenir l'œil ouvert sur la marche du gouvernement qui, Dieu merci! jusqu'à présent s'avance d'un pas ferme dans la bonne voie (1).

Honneur aux citoyens qui ont pris cette généreuse initiative; ils se sont acquis des droits légitimes au respect et à la reconnaissance de la nation. Qu'ils profitent de la position qu'ils occupent pour assurer, par d'énergiques mesures, le triomphe des

---

(1) Il y a surtout un comité éminemment utile, c'est celui fondé par le citoyen Sobrier, et qui s'est proposé pour but exclusif d'éclairer l'administration sur la valeur morale des individus qui se ruent aujourd'hui sur les emplois publics comme sur chose légitimement due à leur mérite personnel, mais surtout à leur patriotisme.: Sobrier, homme de cœur et animé par un noble esprit de justice, est largement en mesure d'écarter de la lice ceux qui n'ont pas droit à y paraître. C'est ce qui sauvera la chose publique.

glorieux principes pour lesquels la France a déjà fait tant de sacrifices.

Que désormais le progrès chez nous ne soit que la *réintégration de l'homme dans l'exercice sagement réglé de ses droits naturels.*

Car c'est à la violation seule de ces droits imprescriptibles que sont dus tous les maux qui affligent l'humanité.

C'est ce que j'établis et prouve dans l'ouvrage dont je m'occupe en ce moment, et qui ne va pas tarder à paraître.

En désaccord complet avec nos économistes du plus haut renom, et qui tous me paraissent depuis un demi-siècle tourner le dos à la vérité, je prouve, contrairement à leurs principes, que la richesse d'une nation est une fiction mensongère, si le peuple travailleur, si les agents de la production restent plongés dans la misère, à l'encontre de l'opulence sans mesure des détenteurs actuels des capitaux.

Aussi toute ma pensée se trouve-t-elle résumée dans ce peu de mots qui servent d'épigraphe à mon ouvrage :

Petits salaires, pauvres affaires.

Ecrivain consciencieux comme je l'ai toujours été, connu par vingt-cinq années de dévouement à la cause des opprimés, publierais-je un pareil ouvrage si je ne le croyais riche d'idées pratiques propres à soulager leurs maux, tout en maintenant parmi eux la fraternité, la concorde, dont le Christ est venu, il y a près de deux mille ans, relever le culte aboli par les excès de la tyrannie.

Cet ouvrage, qui a pour titre *De nos misères, de leurs causes et de leurs remèdes*, paraîtra prochainement chez tous les libraires amis du progrès et des profondes réformes.

T. DINOCOURT.

IMPRIMERIE MAULDE ET RENOU
RUE BAILLEUL, 9 et 11.

www.ingramcontent.com/pod-product-compliance
Ingram Content Group UK Ltd.
Pitfield, Milton Keynes, MK11 3LW, UK
UKHW022213070726
13613UKWH00004B/1640